POMPÉI

Richard Platt

Illustrations de Manuela Cappon

ROUGE & OR

Pompéi

Dans l'ombre d'une montagne, près de la baie de Naples, s'étendait jadis une ville bourdonnante d'activité. Pompéi ressemblait aux autres cités de la côte ouest de l'Italie. Des Grecs l'avaient fondée, rejoints par d'autres colons étrangers au 3e siècle av. J.-C. Par la suite, des soldats de l'Empire romain, qui régnait sur les pays du sud de l'Europe, comptèrent parmi ses citoyens.

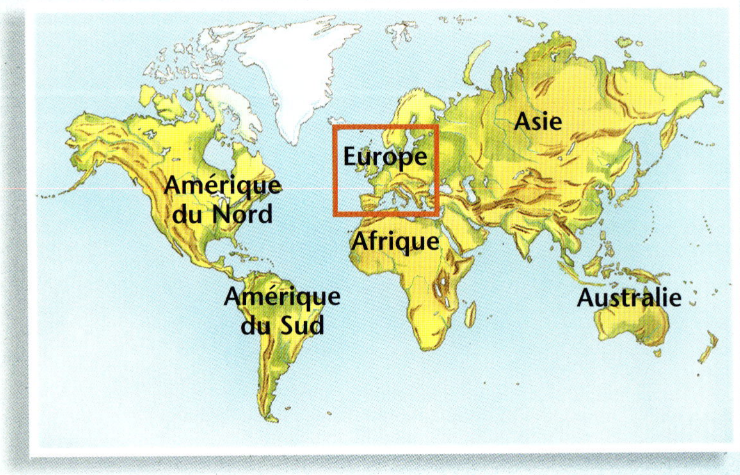

Pompéi se trouve presque au bas de la « botte » que forme l'Italie, au cœur de la Méditerranée. Il y a 2 000 ans, c'était une cité florissante. Ses citoyens les plus riches possédaient de splendides demeures richement décorées. Les plus pauvres, mais aussi des esclaves, travaillaient dans ses maisons, ses échoppes, son port et ses ateliers.

Toutefois, en l'an 79 de notre ère, Pompéi va vivre un terrible drame. Le volcan voisin, le Vésuve, entre en éruption. La vie pompéienne prend alors brusquement fin, ensevelie sous les cendres, figeant ainsi pour longtemps la cité entière, hommes et bêtes, et tout ce qui faisait le quotidien de cette époque.

Historique de Pompéi

Vers 900 av. J.-C. Le Vésuve entre en éruption et recouvre la région de cendres. 900 AVANT J.-C.

6e siècle av. J.-C. Les Osques (peuple de l'Italie du Nord) s'installent dans ce qui deviendra Pompéi, et en bâtissent le premier rempart. 500 AVANT J.-C.

5e siècle av. J.-C. Les Pompéiens érigent une muraille plus élevée pour protéger leurs fermes. 400 AVANT J.-C.

4e siècle av. J.-C. Rome conquiert la baie de Naples.

Vers 320 av. J.-C. Le Vésuve entre en éruption, puis s'assoupit durant 400 ans. 300 AVANT J.-C.

3e siècle av. J.-C. De nombreux Grecs viennent s'établir à Pompéi. 200 AVANT J.-C.

2e siècle av. J.-C. Pompéi est un port important, commerçant avec la Grèce et bien d'autres pays. 100 AVANT J.-C.

146 av. J.-C. Rome l'emporte sur Carthage, sa principale rivale, à la fin de la troisième guerre punique.

89 av. J.-C. Une légion romaine écrase une rébellion à Pompéi.

81 av. J.-C. Des soldats à la retraite s'établissent à Pompéi, faisant d'elle une cité romaine.

44 av. J.-C. Jules César, dictateur de Rome, est assassiné. 1 APRÈS J.-C.

59 À la suite d'une émeute lors d'un combat de gladiateurs, l'amphithéâtre de Pompéi est fermé.

62 Un tremblement de terre détruit une partie de Pompéi.

64 Une autre secousse, moins violente, ébranle la région.

24 août 79 Des milliers de personnes périssent durant l'éruption du Vésuve, qui ensevelit Pompéi sous les cendres.

80 L'empereur romain Titus visite Pompéi après le drame.

À partir de 80 Les Pompéiens survivants tentent d'arracher au sol ce qui subsiste de leurs maisons.

1000 Pompéi totalement oubliée, le lieu est désormais appelé « Cività ». 1000

1600 En creusant un nouveau canal, on trouve des indices de la présence de Pompéi.

1631 Le Vésuve entre en éruption aussi violemment qu'en 79.

1689 En forant un puits, des ouvriers découvrent des ruines de Pompéi.

1748 Premières fouilles à la recherche des trésors pompéiens.

1763 On exhume une pierre gravée du mot « Pompéi », identifiant la ville.

1775 Des fouilles plus soigneuses remplacent les « chasses au trésor ».

1860 L'archéologue Giuseppe Fiorelli entreprend l'étude scientifique de Pompéi.

2000 On entreprend de fouiller le tiers toujours enseveli de Pompéi. 2000

Sommaire

Les pages qui suivent retracent l'histoire d'une maison typique de Pompéi, comment elle s'agrandit tandis que la cité évolue. Comment, durant l'éruption du Vésuve, comme le reste de la ville, elle sera ensevelie sous les cendres avant d'être exhumée et restaurée bien des siècles plus tard.

Que veut dire cette image ?
Ce vase indique où se trouve la maison dont nous suivons l'évolution au fil des siècles, à travers l'histoire de Pompéi.

60

L'apogée
de la maison
page 22

60

Un banquet
page 24

62

La terre tremble
page 26

70

Après le séisme
page 28

79

L'éruption
page 30

100

La cité ensevelie
page 32

1689

Pompéi
oubliée
page 34

1748

La chasse au trésor
page 36

1870

L'étude des ruines
page 38

aujourd'hui

Un site « vivant »
page 40

Une simple hutte

750 avant J.-C.

À l'origine, Pompéi ne compte qu'un petit groupe de fermes entourées de remparts grossiers. Le village est déjà à l'étroit, et certaines familles commencent à exploiter les terres voisines. Là, au-delà des murailles, une maison se distingue. Il ne s'agit que d'une simple hutte, mais c'est la plus prospère.

Les terres voisines ont fourni presque tous les matériaux nécessaires à sa construction. D'épais troncs d'arbres forment la charpente. Les cordes qui maintiennent les poutres sont faites de fibres végétales. Des tiges glanées après la moisson d'épeautre et des roseaux forment le chaume du toit. Seuls les outils métalliques du couvreur n'ont pas été fabriqués sur place.

Le raisin récolté dans les vignes poussant au pied du Vésuve sert à fabriquer du vin.

Toute la famille travaille dur, car tout se fait à la main. Les enfants ont des tâches précises : effrayer les oiseaux ou éliminer les chenilles des cultures. S'il pleut suffisamment, la nourriture sera abondante pour tous cette année encore – à condition d'écarter les loups des porcs, et les sangliers des grains !

Fermiers et artisans

380 avant J.-C.

Pompéi croît et commence à ressembler à une petite ville. Routes et chemins délimitent des lopins de terre de taille à peu près identique. Au nord, les fermiers continuent de semer et d'élever du bétail à l'intérieur des remparts. Mais l'agglomération accueille désormais d'autres types d'activités.

Les meules de pierre de la presse sont conçues pour broyer les olives, mais pas leur noyau.

De leurs récoltes, les paysans tirent de nombreux produits. Ils filent et tissent la laine des moutons en fines étoffes blanches. Les esclaves nettoient le tissu en le piétinant dans des bains d'urine. Les derniers arrivants ont planté une nouvelle céréale, le blé. Des meules à main broient le grain pour en tirer la farine destinée au pain.

La simple hutte s'est agrandie. Le fermier à qui elle appartient y ajoute encore une pièce. La cour extérieure embaume l'olive mûre. En son centre, un âne trottine en rond pour actionner une grosse presse. L'huile verte qui en découle agrémente des plats délicieux. La pulpe sert de fourrage. Les noyaux séchés alimentent le feu de la cuisine.

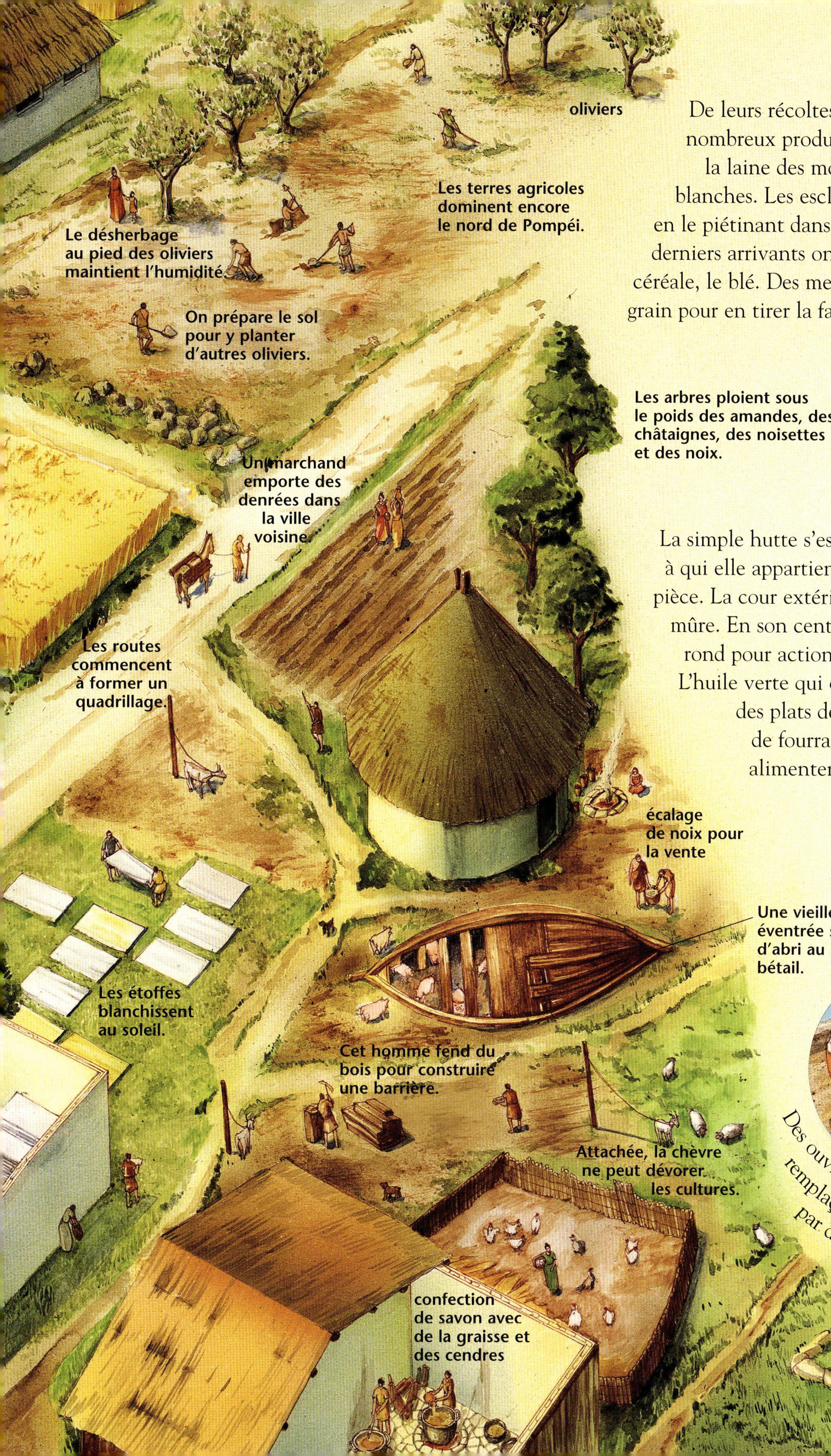

Des ouvriers rebâtissent les remparts, remplaçant les blocs de lave tendre par du calcaire plus robuste.

La ville se développe

300 avant J.-C.

Quatre-vingts ans plus tard, Pompéi est prospère. À la place des champs se dressent désormais d'élégantes demeures. Les rues résonnent de voix étrangères. Le port attire dans la cité des marchands grecs, dont les navires apportent de précieux objets. Pour le voyage de retour, ils embarquent des produits fermiers et des articles estampillés : « Fabriqué à Pompéi ».

Maintenant en plein centre de la ville, la maison s'est étendue et a embelli. Son propriétaire a acquis le terrain voisin pour s'agrandir. Les murs ont été enduits de plâtre, puis peints. Le fermier a financé ces travaux grâce aux produits de la ferme, mais aussi en faisant du commerce de grains et d'objets artisanaux.

Ville portuaire très active, Pompéi conserve néanmoins un air campagnard. Des canards se dandinent dans ses rues. Des moutons bloquent la circulation. Sur la place du marché, des commerçants récemment enrichis se moquent de l'accent campagnard des paysans en haillons.

Les moutons paissent où poussaient jadis des céréales.
La vannerie fait partie de l'artisanat local.
tissage d'étoffes en laine
puits profond
Fermes, fabriques et maisons sont collées les unes aux autres.
forge
échoppe du charpentier
feu en plein air pour la fonte du métal
Le fondeur de métaux se sert de minerai importé de l'étranger.
outils et armes
Les paniers servent à transporter les denrées sèches.
poterie
presse à olives
Des amphores de terre cuite sont emplies de vin ou d'huile, puis jetées après usage.
Le potier façonne ses amphores selon le style pompéien.
claies (barrières) de saules

La maison prospère

150 avant J.-C.

Tous les Pompéiens ne vivent pas dans de somptueuses demeures. Les plus pauvres louent de minuscules logis (*cenacula*) dans des immeubles dont les échoppes donnent sur la rue. Ces constructions de mauvaise qualité se fissurent et s'affaissent.

La maison, en face, est maintenant très chic. Son propriétaire y a ajouté un jardin intérieur entouré de colonnes, que peignent des décorateurs. Appelé péristyle, cet espace, calme et frais, est à l'abri de l'agitation de la rue.

À l'avant de la maison se trouve une échoppe de fruits de mer tenue par un affranchi (esclave libéré) qui loue la boutique à son ancien maître. Les clients choisissent leur repas dans des amphores chauffées et encastrées dans le comptoir de marbre. La clientèle n'est pas seulement de passage : les locataires de *cenacula*, rarement équipés de cuisine, viennent aussi y acheter des plats préparés.

Dans les appartements surpeuplés, cuisine, salle à manger, chambre et salle de bains sont une seule et même pièce.

maisons luxueuses comptant de somptueux jardins en péristyle
Des enfants des rues affamés volent de la nourriture à l'étal des échoppes.
Les chariots roulent à droite de la route.
péristyle (jardin intérieur)
Murs et colonnes sont peints pour imiter le marbre.
Des esclaves taillent les buissons.
Les détritus seront emportés par la pluie.
Cette ancienne ferme est désormais une élégante villa.
Les visiteurs sont accueillis dans le *tablinum* (bureau).
atrium (cour pavée)
échoppe de fruits de mer
affranchi, gérant de la boutique
poisson cuit du jour à emporter
Visiteurs et habitants du quartier achètent des plats préparés.

Dans l'*atrium*

100 avant J.-C.

Toute grande demeure pompéienne possède une cour pavée : l'*atrium*. De son toit en pente, les eaux de pluie se déversent dans un bassin central, qui se vide à son tour dans une citerne souterraine, fournissant l'eau potable. L'*atrium* rafraîchit également les pièces voisines. Sa taille et sa décoration révèlent la richesse de son propriétaire.

Il est plus simple de tirer de l'eau à la citerne qu'aux puits de la ville.

L'*atrium* est au cœur de la vie de la maison. Les enfants jouent sur le carrelage frais autour du bassin. Les esclaves y puisent de l'eau. Le propriétaire accueille ses visiteurs dans le *tablinum* voisin. Le toit en surplomb permet à cette « pièce extérieure » de rester agréable même durant les rares tempêtes d'été.

Dans une salle voisine, un esclave grec assure l'éducation des enfants. Ils apprennent à lire et à écrire en récitant des poèmes, et en copiant des lettres sur des tablettes de cire. Les élèves désobéissants reçoivent des coups de baguette sur la main et de fouet dans le dos. Le tuteur leur rappelle les paroles du philosophe grec Aristote : « Tout apprentissage est douloureux ».

Les enfants pauvres sont instruits par de simples citoyens dans des écoles de rue.

Le siège de la ville

89 avant J.-C.

Un cri d'alarme retentit dans les rues. « Les Romains sont aux portes ! » Alors que cette nouvelle atteint la maison, des blocs de pierre projetés par de gigantesques catapultes défoncent les toits. Les Pompéiens luttent pour obtenir les mêmes droits que les citoyens romains. Mais Rome vient de dépêcher son armée pour montrer qui est le maître en Italie.

Des ressorts en tendons d'animaux actionnent les balistes (frondes géantes) romaines.

L'attaque terrifie la maisonnée, et suscite la colère. Personne ne souhaite devenir un citoyen de « seconde zone ». Aussi, comme les habitants d'autres villes d'Italie, les Pompéiens combattent la puissante armée romaine. En prévision de cette attaque, ils ont entreposé des armes. Mais ils savent bien qu'ils ont peu de chances de l'emporter.

L'armée romaine est bien entraînée et bien mieux armée. Elle encercle Pompéi, exigeant que la ville se rende. Ses catapultes pulvérisent les maisons. Des missiles enflammés provoquent des incendies. Alors que les remparts s'écroulent, la révolte faiblit. Des colonnes de soldats pénètrent dans les rues. Pompéi est vaincue ! Craignant les représailles, la famille abandonne sa maison.

Après la guerre

82 avant J.-C.

La population de Pompéi est punie pour s'être rebellée. Après la guerre, ses maîtres romains transforment la ville en colonie où viennent s'établir des soldats à la retraite. L'un d'entre eux prend possession de la maison. Il répare ses toits éventrés. Il abat des murs et se sert de l'immeuble voisin, abandonné, comme d'une écurie.

Les maçons réparent la maison bien après le crépuscule. Un affranchi les surveille. Autrefois esclave, il a gagné la confiance de son maître qui l'a libéré en récompense d'un service. Il est désormais plus riche que son ancien propriétaire. Derrière son dos, les maçons se moquent de ses habits trop voyants et de ses manières grossières.

Dans son atelier, le forgeron façonne des armes et des ustensiles.

Les maçons sont tous des esclaves appartenant à un riche Romain. Ils accomplissent les plus durs travaux. Certains, d'origine étrangère, ont été capturés au cours des guerres romaines. Mais, pour la plupart, leurs parents étaient eux-mêmes esclaves. Les esclaves coûtent cher, et leur maître prend soin d'eux comme il le ferait d'un cheval de prix. Ceux qui servent dans la maison sont traités presque comme des membres de la famille.

Pompéi romaine

10 après J.-C.

Quelque 90 ans plus tard, la tranquille allée longeant la maison est devenue une route fréquentée par les chars à bœuf, les ânes et les passants qui se rendent au forum. Celui-ci est situé à l'ouest de Pompéi, dans le quartier le plus important de la ville. Autour de cette grande place se dressent marchés, bâtiments officiels, temples et thermes.

Le forum montre combien Pompéi est devenue romaine. Partout, on voit des inscriptions en latin, la langue des colons romains qui se sont installés ici après la guerre : sur les stands du marché, les avis officiels, jusque dans les graffitis des latrines (toilettes). Les Romains ont apporté avec eux leur religion, et construit des temples consacrés à leurs dieux et déesses.

Un chauffage à air chaud (hypocauste) maintient le sol et l'eau des thermes à bonne température.

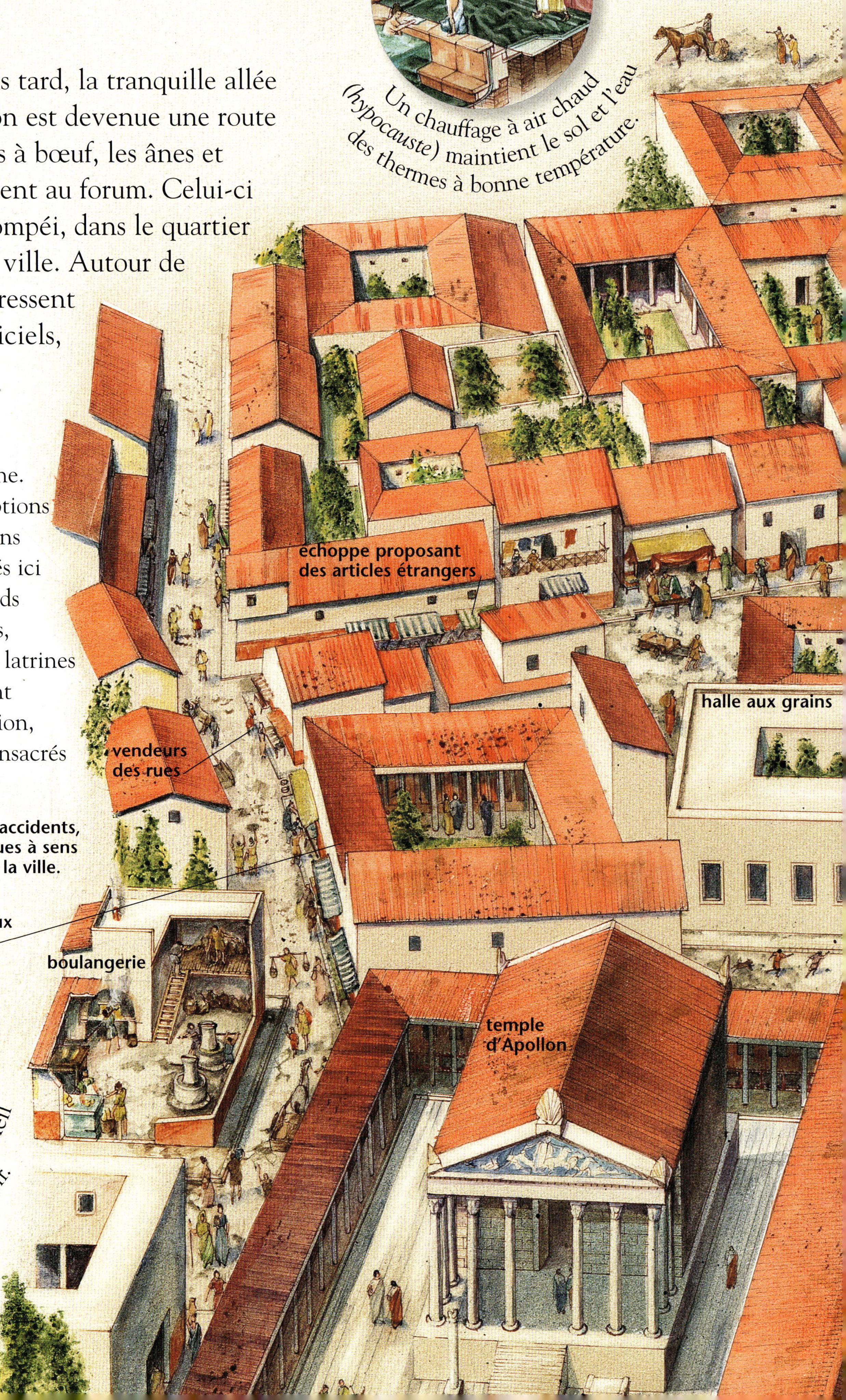

Des toiles tendues protègent du soleil le public du théâtre en plein air.

Le cœur de Pompéi ressemble au centre-ville d'une cité moderne qui rassemble des maisons, des bureaux et des ateliers. Il n'y a pas de quartiers riches ou de quartiers pauvres. Les familles les plus aisées résident à côté des plus démunies.

L'apogée de la maison

60 après J.-C.

La maison est un havre de paix, luxueuse et confortable. Par la porte d'entrée, les visiteurs découvrent des espaces enchanteurs pavés de mosaïques de marbre, et des pièces donnant sur d'élégants jardins. La riche famille qui y réside aujourd'hui y a fait des merveilles. Entre ses murs, on se sent à l'abri de tout péril, bercé par le frais bruissement des fontaines.

Depuis qu'un aqueduc dessert Pompéi, des canalisations alimentent directement les demeures des plus fortunés. L'eau participe ainsi plus que jamais à l'embellissement de la maison. Jaillissant en permanence des fontaines, elle permet d'arroser les jardins, même durant la saison sèche, en été.

Le château d'eau répartit les eaux apportées par l'aqueduc.

Malgré ces progrès, les rues de Pompéi restent sales. La plupart des habitants jettent leurs ordures dans le caniveau, espérant que les orages les emporteront. Partout, des trottoirs à rebord et des passages piétons surélevés leur permettent de ne pas marcher dans les détritus.

Cet esclave jette les eaux usées d'une maison voisine.
second jardin en péristyle
chambre à coucher
Les toits incurvés évacuent la pluie par une ouverture appelée *compluvium*.
jardin principal en péristyle et sa fontaine
salle à manger
accueil d'un visiteur dans le *tablinum*
cuisine
latrines
cuisine de rue
garde-manger
Cet esclave puise de l'eau à la citerne.
L'*impluvium* collecte l'eau de pluie.
coin repas
cubiculum
boulangerie
Des esclaves actionnent les meules pour broyer le grain.
four à pain
Les plus pauvres tirent de l'eau aux fontaines de la rue.
forge
passage piétons

Un banquet

60 après J.-C.

Tandis que le soleil se couche, une rumeur de musique et de rires se répand dans la rue tranquille. Dans la maison, un banquet honore un important politicien. Le vin qui coule à flots a égayé les invités, allongés sur les trois divans légèrement inclinés du *triclinium* (salle à manger). Le festin touche à sa fin.

Les esclaves lavent et sèchent les mains des invités, car on mange avec ses doigts ! Ils apportent ensuite les desserts, et encore du vin. Les poètes respectables qui ont diverti l'assemblée en début de soirée sont partis, laissant place à un autre type d'amusement, plus grossier. Les convives rient aux paroles d'une chanson douteuse, en regardant danser une esclave.

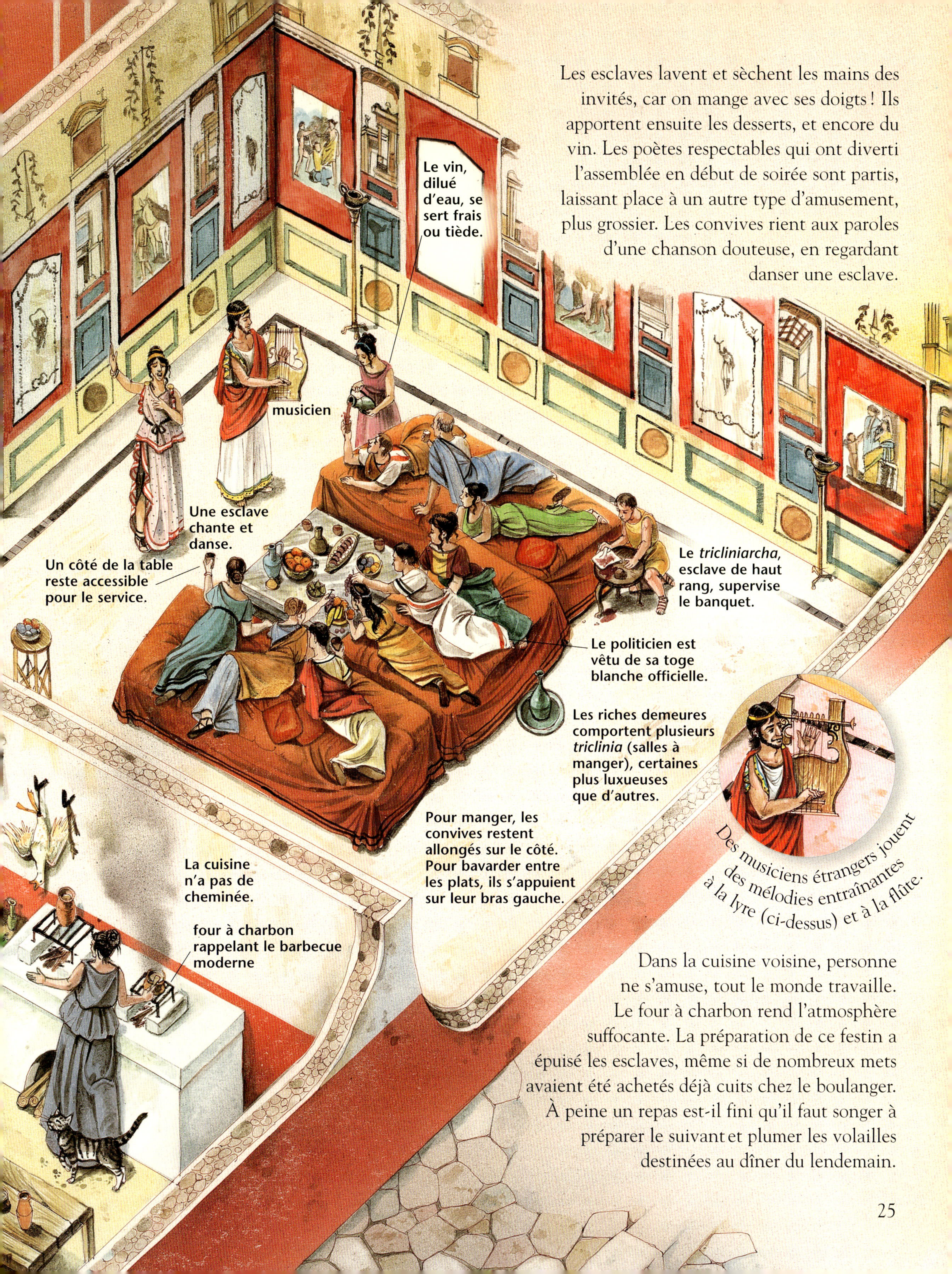

Des musiciens étrangers jouent des mélodies entraînantes à la lyre (ci-dessus) et à la flûte.

Dans la cuisine voisine, personne ne s'amuse, tout le monde travaille. Le four à charbon rend l'atmosphère suffocante. La préparation de ce festin a épuisé les esclaves, même si de nombreux mets avaient été achetés déjà cuits chez le boulanger. À peine un repas est-il fini qu'il faut songer à préparer le suivant et plumer les volailles destinées au dîner du lendemain.

La terre tremble

62 après J.-C.

D'abord un frisson, si faible qu'à peine l'eau des fontaines se ride. Nul ne s'inquiète. Les Pompéiens sont habitués aux légers tremblements de terre, qui causent rarement des dégâts importants. D'ailleurs, on est en février, et l'on a jamais observé de séisme dangereux en hiver. Jusqu'à ce jour…

Lorsque le tremblement de terre frappe, c'est comme si Vulcain, le dieu du feu, s'était emparé de la maison et la secouait comme un chiffon. Les colonnes de l'*atrium* titubent. Les sols de mosaïque se dressent comme des chevaux en furie. Les habitants sont jetés à terre. Et ce n'est que le début. Dans un immense mugissement, un trou béant fend la rue. Un chien y disparaît.

Après le séisme, les habitants rentrent chez eux pour secourir ceux qui sont prisonniers des ruines.

Puis le trou se referme aussi vite qu'il s'est ouvert. Les murs du *triclinium* vacillent et s'abattent. Les autres se fissurent. Les tuiles rouges du toit glissent au sol et s'y fracassent. L'eau tarit dans les fontaines et jaillit entre les pavés – avant que l'aqueduc ne s'assèche.

On éloigne les enfants
du danger.
Les oiseaux fuient
les arbres agités.
Les pièces autour
du péristyle sont
détruites.
Les balcons
s'effondrent
dans la rue.
Les gens fuient
les immeubles
dévastés.
Les tuiles qui
tombent blessent
les passants.
Les décombres
emmurent
les esclaves
prisonniers
des maisons.
Des voleurs
profitent
du chaos.
Les murs et les toits
de la maison sont
particulièrement
touchés.
De profondes
crevasses
éventrent
les rues.
Des fissures
fendent même les
murs les plus
robustes.
Un cheval
effrayé
s'emballe.
L'eau jaillit
des canalisations
endommagées.
sauvetage
de rescapés
prisonniers des
éboulements

Après le séisme

70 après J.-C.

Huit ans après le drame, Pompéi ne s'est toujours pas remise. Chaque rue compte des murs fissurés et des bâtiments en ruine. Pour certains, la vie ne sera plus jamais la même. Quelques personnes ont quitté la ville, terrifiées à la moindre secousse. Les plus pauvres sont restés : où pourraient-ils aller ? À d'autres cependant, la catastrophe aura offert une chance inespérée.

Le séisme n'a pas détruit tous les immeubles, mais nombreux sont ceux que leurs propriétaires n'ont pas les moyens de réparer. Les plus aisés prennent possession de ces demeures à l'abandon. Ainsi, la maison du carrefour est encore plus grande et plus somptueuse qu'auparavant.

Les jeux de gladiateurs, interdits depuis 11 ans suite à une émeute, sont de nouveau autorisés.

Les autels domestiques s'ornent de peintures et de statues des dieux, ainsi que de plats d'offrandes.

Les entrepreneurs s'enrichissent. Face à la demande, ils ont doublé leurs prix. Dans les bâtisses modestes, on se contente de masquer les dégâts. Les riches Pompéiens reconstruisent leurs résidences avec un luxe inédit par le passé. Une nouvelle mode de décoration voit même le jour : les peintres ornent désormais les murs nus de fenêtres et de portes en trompe-l'œil ouvrant sur des paysages merveilleux.

fossé destiné aux nouvelles canalisations
Les jardins en péristyle ont été réaménagés et améliorés.
réparation des murs rapide et peu coûteuse
appartements abandonnés
La fontaine de ce péristyle ne fonctionne plus.
nouvelle boutique de restauration
La décoration des maisons suit une nouvelle mode.
nouvelles mosaïques
réparation des rues
Le péristyle ne compte plus qu'une seule petite fontaine.
Cet esclave s'occupe de réparations durables.
Un maçon bouche grossièrement les fissures.
Un plombier répare les conduites d'eau.
Un nouvel étage, plus grand, est ajouté à la maison.
Le terrain voisin fait désormais partie de la maison.
Des canalisations de secours acheminent l'eau le long du caniveau.

Chargé d'électricité, le nuage provoque une tempête d'éclairs.
Le nuage en forme de champignon est gonflé de cendres : c'est une éruption plinienne, nommée d'après Pline le Jeune, qui assista à l'éruption du Vésuve et la décrivit dans une lettre.
Des incendies éclatent dans les bois autour de la ville.
fuite à cheval
Les cendres qui s'amassent empêchent d'ouvrir les portes.
La quantité de cendres rend la fuite difficile.
Les boutiquiers ramassent autant d'objets de valeur qu'ils peuvent en emporter.
Des citoyens en fuite se couvrent la tête.
Avant l'éruption, des secousses fissurent les murs.
Ceux qui tombent sont vite enfouis sous les cendres.
Les cendres et les gaz toxiques asphyxient les gens.

L'éruption

79 après J.-C.

Ce matin du 24 août 79 est différent de tous les autres. Les puits s'assèchent, les chiens hurlent à la mort, aucun oiseau ne chante. Des secousses agitent le sol. Pourtant, personne ne juge la situation inquiétante. Après tout, ces frissons sont monnaie courante à Pompéi en été. Mais au moment le plus chaud de la journée, la catastrophe s'abat brusquement. Dans un épouvantable vacarme, le Vésuve entre en éruption.

Coussins et paniers protègent des cendres et des blocs de lave qui s'abattent du ciel.

L'éruption projette le sommet de la montagne dans les airs, masquant le soleil. Une demi-heure plus tard, des quantités incroyables de cendres s'abattent sur Pompéi en une neige chaude et noire. En deux heures, on s'y enfonce jusqu'aux genoux. Terrifiée, la population fuit en emportant ce qu'elle peut. Au crépuscule, la plupart des habitants sont partis.

Mais pas tous… Le riche propriétaire du carrefour se terre chez lui, craignant les pillards. D'autres ont gagné le premier immeuble venu pour s'y abriter. Des boutiquiers ont trop tardé à venir récupérer l'or de leur coffre. À l'aube, tous seront morts, écrasés sous les toits effondrés, étouffés par les gaz mortels échappés du volcan, ou carbonisés par le nuage enflammé qui envahit la ville.

La cité ensevelie

100 après J.-C.

Pompéi n'est désormais plus qu'un désert de cendres. La ville, autrefois baignée par la mer et par une rivière, a changé de visage : l'éruption a modifié la côte et détourné le cours d'eau. Sa voisine, Herculanum, est enfouie à une plus grande profondeur encore. Ce désastre alarme le peuple romain tout entier. L'empereur Titus vient même inspecter les lieux.

Les Pompéiens tâchent de sauver des ruines ce qu'ils peuvent. On distingue à peine le tracé des rues de la ville engloutie. Certains creusent des tunnels pour rechercher les objets précieux qu'ils ont abandonnés, ou pour exhumer les statues en bronze du forum. Bientôt cependant, la ville est réduite à l'état de carrière : les maçons viennent y chercher du marbre, ou même les pavés des routes.

Mais certaines découvertes sont plus terribles. Juste après l'éruption, les cendres ont durci autour du corps de ceux qui n'avaient pu s'échapper. Les ouvriers retrouvent des empreintes des corps, contenant des squelettes. Ils murmurent en frissonnant une prière à Vulcain, le dieu du feu.

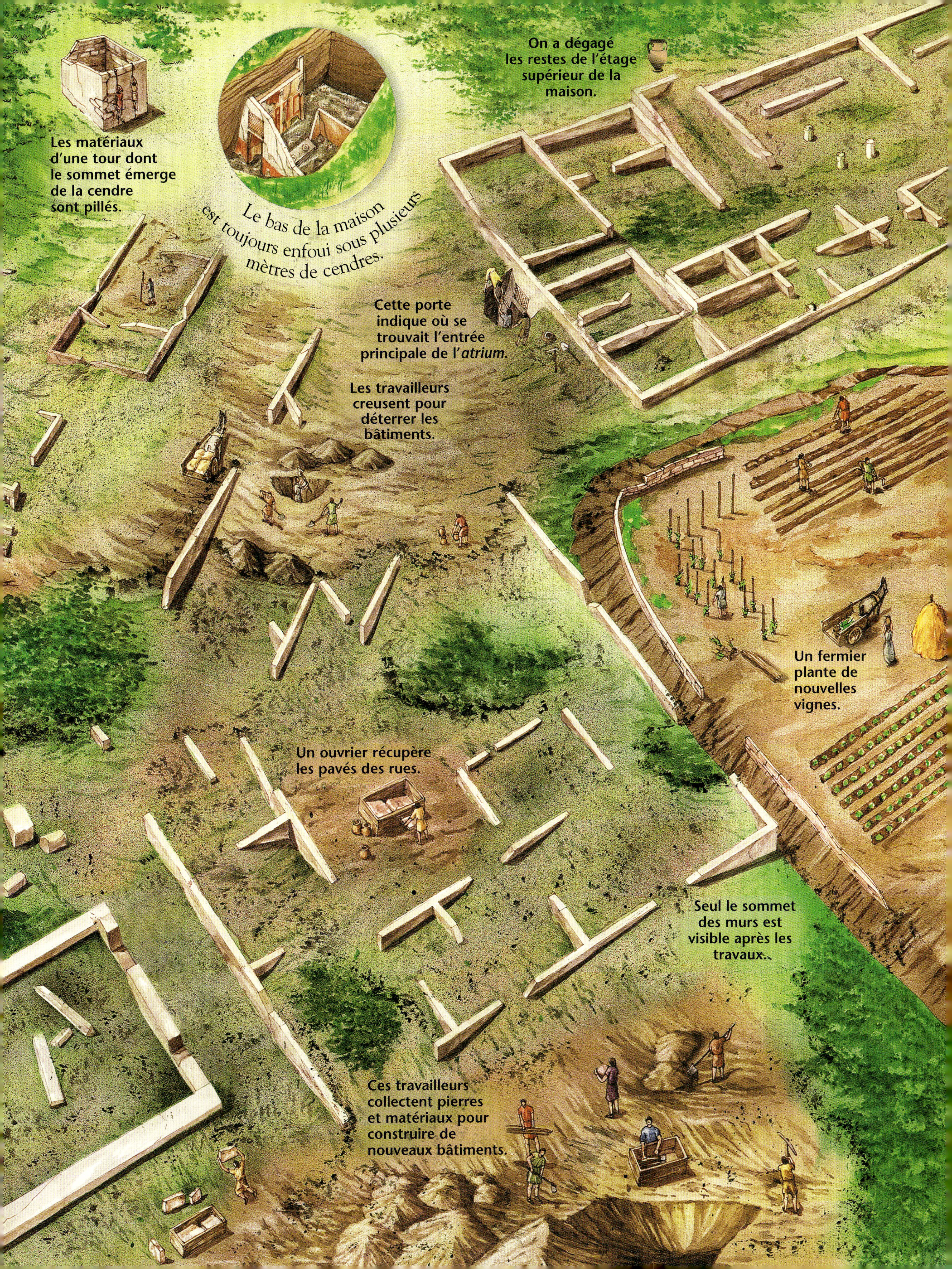
Les matériaux d'une tour dont le sommet émerge de la cendre sont pillés.
Le bas de la maison est toujours enfoui sous plusieurs mètres de cendres.
On a dégagé les restes de l'étage supérieur de la maison.
Cette porte indique où se trouvait l'entrée principale de l'*atrium*.
Les travailleurs creusent pour déterrer les bâtiments.
Un fermier plante de nouvelles vignes.
Un ouvrier récupère les pavés des rues.
Seul le sommet des murs est visible après les travaux.
Ces travailleurs collectent pierres et matériaux pour construire de nouveaux bâtiments.

Pompéi oubliée

1689

Seize siècles ont passé depuis l'éruption du volcan. Les habitants appellent désormais cette région la « Cività » (la ville). Ils ne se souviennent même plus du nom de Pompéi. Les fermiers qui cultivent des abricotiers et des vignes sur cette fertile terre volcanique ignorent que les racines de leurs arbres s'enroulent autour de splendides statues dans le péristyle de la maison du carrefour.

Pourtant, Pompéi révèle parfois quelques secrets, rappelant la civilisation engloutie. Vers 1600, des paysans creusant un canal tombent sur les étages inférieurs de bâtiments pompéiens. Mais personne ne fait attention aux inscriptions sur les pièces de monnaie ou sur les pierres mises au jour.

En 1689, des paysans découvrent en forant un puits une pierre portant les mots : « Decurio Pompeiis ». On pense au chef d'État romain Pompée. Le propriétaire de la ferme la montre à un historien de Naples ayant lu la description de l'éruption dans des textes latins. Le puits est examiné, et des clefs rouillées sont remontées, sans pourtant que l'historien soit sûr de la nature de cette trouvaille. Cette pierre, dit-il au fermier, provient des ruines d'une villa non loin de Pompéi.

La chasse au trésor 1748

Au printemps 1748, Giacopo Martorelli est certain d'avoir découvert Pompéi : « La ville repose sous la Civitá ! ». Ce professeur de littérature grecque se montre persuasif. Les fouilles commencées en avril sont bientôt couronnées de succès : on découvre de splendides peintures murales, un casque romain, des lampes à huile et de la monnaie.

Une inscription gravée dans la pierre prouve que c'est bien Pompéi qui est enfouie sous la Civitá.

Deux travailleurs enfouissent une ruine après en avoir prélevé les trésors.

La cendre a préservé l'échoppe de fruits de mer voisine de la maison.

La position de ces ruines n'est pas notée. Des plans plus détaillés des fouilles seront dressés vers la fin du 18e siècle.

On emporte la cendre dans des brouettes avant de s'en débarrasser un peu plus loin.

En trois semaines, on déterre le premier squelette, ainsi que quelques pièces d'or et d'argent. Une trouvaille qui stimule les chercheurs : les fouilles s'intensifient. La quête de Pompéi se transforme en véritable chasse au trésor.

Les années qui suivent voient de fantastiques découvertes se succéder. Les pierres de la maison du carrefour sont mises au jour. Pour les savants toutefois, seules importent les belles décorations. Sitôt qu'ils ne trouvent plus de fresques luxueuses ni de statues d'or ou d'argent, ils rebouchent leurs puits et creusent ailleurs.

L'absence de précautions, les rivalités et la soif de l'or éparpillent les trésors de Pompéi. Le roi de Naples prélève les plus belles pièces pour ses collections privées. Les découvertes moins impressionnantes sont détruites, pour empêcher leur revente illégale. Des prisonniers, condamnés à creuser pour purger leur peine, réussissent à empocher de petits trésors. Personne ne se soucie de conserver une trace écrite de ce que l'on découvre ni de son emplacement.

Les savants ne peuvent étudier les découvertes que sur invitation spéciale du roi.

L'étude des ruines

1870

Les fouilles sauvages, sans indication d'emplacement, se révèlent désastreuses, privant les chercheurs de précieux renseignements. Plus de précautions sont prises au 19e siècle. Mais les études scientifiques ne débutent qu'en 1861, après l'unification des multiples États italiens, sous l'autorité du roi Victor-Emmanuel (1820-1878).

Pour mouler les cadavres, les archéologues utilisent un plâtre qui se solidifie en quelques minutes.

Le roi nomme l'archéologue Giuseppe Fiorelli (1823-1896) à la tête des fouilles. Sur ses conseils, les experts déblaient la cendre de chaque pièce de la maison du carrefour, au lieu de se contenter de creuser un puits. Ils prennent aussi note de tout ce qu'ils trouvent, si insignifiant que cela paraisse. Fiorelli est un pionnier en stratigraphie – théorie selon laquelle les objets les plus anciens sont ceux qui sont enterrés le plus profondément.

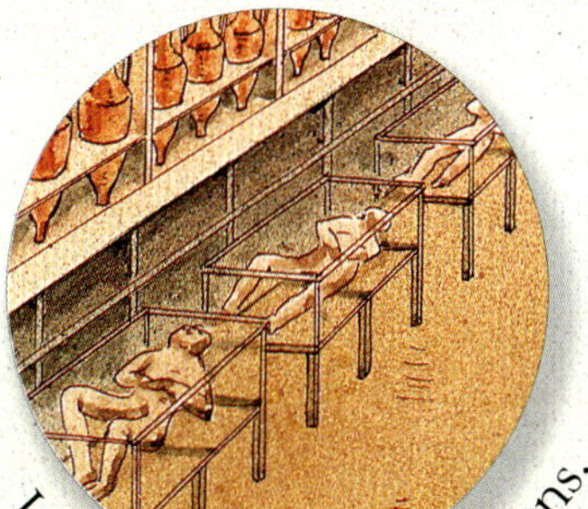

Les moulages des Pompéiens, exposés au musée Fiorelli, suscitent toujours l'émotion des visiteurs.

Il pense aussi que sa tâche ne consiste pas à trouver des trésors, mais à reconstituer la vie des Pompéiens. Pourtant, ce n'est pas la vie mais la mort qui le rend célèbre : il remarque que les squelettes mis au jour reposent dans des formes évidées, au creux de cendres solidifiées. Comprenant qu'il s'agit là de l'empreinte même des corps, il y fait couler du plâtre. Quand on brise ensuite le moule de cendre, le plâtre a pris la forme exacte du corps surpris au moment où il perdait la vie.

Un site « vivant »

aujourd'hui

Des voix résonnent à nouveau dans la vaste demeure du carrefour. Chaque jour, près de 7 000 visiteurs contemplent, ébahis, les rues pavées, les maisons préservées et les décors de mosaïques de Pompéi. Ils longent en silence les moulages de ceux qui ont péri sous les cendres. Partout, des guides racontent la tragique histoire de Pompéi.

Une histoire qui continue, car Pompéi est en train de disparaître à nouveau : la ville est immense et les moyens manquent pour la protéger. Les intempéries abîment les fresques de la maison du carrefour. Des murs s'écroulent là où les mauvaises herbes et les arbres soulèvent les maçonneries. Des vandales gravent leurs initiales dans la pierre et volent des vestiges.

Mais l'avenir n'est pas entièrement sombre. Le prix d'entrée du site est, depuis 1997, réservé à l'améliorer et à l'entretenir. De nouveaux projets de conservation voient le jour pour préserver les ruines et explorer les quartiers encore enfouis. Un jour, nous disposerons d'une image plus précise encore de ce lieu où la vie s'est arrêtée il y a 2 000 ans.

Une simple écaille de poisson permet aux archéologues de connaître l'alimentation des Pompéiens.

jardin en péristyle
jardin en péristyle
Des étais en bois soutiennent les murs peu solides et tiennent les visiteurs à distance.
tablinum
Fleurs et arbres ornent à nouveau les jardins en péristyle.
atrium
La peinture imitant le marbre s'écaille, révélant les simples briques qu'elle masquait.
La maison et l'échoppe de fruits de mer ont été en partie restaurées.
Les ornières creusées par les roues des chars indiquent le sens de circulation.
Un guide renseigne les touristes qui visitent la maison du carrefour.
Les thermes du forum, parfaitement préservés, sont souvent le premier lieu visité par les touristes.

Glossaire

Les mots en *italique* renvoient à d'autres entrées du glossaire.

Affranchi
Ancien *esclave* que son maître a libéré.

Aqueduc
Canal construit pour transporter de l'eau, souvent soutenu par un pont.

Archéologie
Étude des civilisations anciennes d'après les monuments, les objets et les textes qu'elles ont laissés.

Archéologue
Scientifique, spécialiste en *archéologie*.

Atrium
Cour intérieure couverte, située au cœur d'une maison romaine. Son toit, ouvert au centre, permettait de collecter l'eau de pluie dans un bassin, l'*impluvium*.

Autel
Petit emplacement dans un *temple*, une demeure ou une rue, destiné à la prière.

Baliste
Grande *catapulte* projetant des fragments de pierre pour abattre les remparts, durant le siège d'une ville.

Bétail
Animaux qu'élève un fermier pour leur viande, leur lait, leur laine ou leur force de travail.

Catapulte
Arme permettant d'envoyer, par le jeu de ressorts, des rochers ou des pierres sur l'ennemi.

Cenacula
Chambres à louer situées aux étages supérieurs des immeubles.

Chaume
Matériau de toiture composé des tiges coupées de plantes, telles que la paille ou les roseaux.

Citerne
Vaste réservoir permettant d'entreposer de l'eau potable.

Le Vésuve se dresse sur la côte de la baie de Naples, à 9 km environ à l'est de la ville, dans l'Italie du Sud. Sa dernière éruption remonte à 1944.

Nous ne savons pas précisément comment vivaient les premiers habitants de Pompéi ; leurs contemporains italiens bâtissaient des huttes rondes à toit de chaume comme celle-ci.

Cività
« La Ville » : nom donné au lieu où s'étendait Pompéi jusqu'à la redécouverte de la cité antique.

Claie
Petite barrière formée par tressage de branches fines.

Colon
Personne qui s'établit dans un nouveau pays. Parfois, comme c'était le cas avec Pompéi, ancien soldat à la retraite recevant une maison et des terres en récompense de ses services.

Compluvium
Large ouverture carrée au centre du toit de l'*atrium*.

Cubiculum
Chambre à l'étage, ou pièce voisine de l'*atrium* servant de salle de réunion ou de bibliothèque.

Épeautre
Céréale cultivée pour en tirer de la farine, jusqu'à ce que le blé vienne la remplacer.

Éruption plinienne
Éruption volcanique projetant cendres et poussières dans l'atmosphère, tirant son nom de l'écrivain romain Pline le Jeune, ayant décrit l'éruption du *Vésuve* en 79.

Éruption volcanique
Jaillissement de *lave*, de cendres et de gaz hors du cratère d'un volcan.

Esclave
Personne appartenant à un autre individu et travaillant pour lui, sans liberté de changer de vie.

Fiorelli, Giuseppe
Archéologue italien (1823-1896) qui introduisit des méthodes modernes et scientifiques de *fouilles* à Pompéi, dès 1861.

Fonte
Fait de chauffer des roches pour en extraire le métal.

Forgeron
Artisan qui martèle et bat le fer pour fabriquer des ustensiles, des outils et des armes.

Forum
Grande place au cœur des villes romaines, entourée des principaux bâtiments publics.

Fouilles
Travaux entrepris par les *archéologues* pour retrouver des objets ensevelis au cours des siècles.

Foulerie
Atelier où travaillent les foulons, ouvriers qui piétinent l'étoffe après qu'elle a été tissée pour la nettoyer ou l'épaissir.

Pour les Romains, rassembler neuf convives autour d'une table était l'idéal.

Hypocauste
Système de chauffage central : l'air chaud circule dans des canalisations pour chauffer les maisons ou les *thermes* publics.

Impluvium
Bassin au centre de l'*atrium* permettant de récupérer et de conserver l'eau de pluie, tout en rafraîchissant l'*atrium*.

Jardin en péristyle
Jardin entouré d'une galerie à colonnes.

Laraire
Autel domestique où la famille prie les dieux et leur apporte des offrandes.

Latin
Langue des Romains et ancêtre d'un grand nombre de langues européennes.

Latrines
Ancêtres de nos toilettes modernes, souvent très rudimentaires.

Grâce à l'intense activité du port, de nombreux étrangers venus de tous les horizons sillonnaient les rues de la ville.

Lave
Roches fondues éjectées par un volcan.

Lyre
Instrument de musique à cordes pincées ressemblant à une petite harpe.

Maçonnerie
Pierres façonnées servant à la construction de bâtiments.

Marbre
Pierre de construction très dure et très belle, que l'on polit pour la rendre brillante. On l'utilise également en sculpture.

Martorelli, Giacopo
Professeur de littérature grecque à l'université de *Naples* qui, vers le milieu du 18e siècle, redécouvrit Pompéi.

Mosaïque
Image ou motif composé d'un grand nombre de petits fragments de verre, de céramique ou de pierres colorées.

Moulage
Reproduction d'un objet en volume réalisée en coulant du plâtre (ou une autre matière) dans un moule (ou une autre forme en creux).

Naples
Grand port de la côte ouest de l'Italie, au pied du *Vésuve*, ouvrant sur la baie qui porte son nom.

Pedagogus
Esclave chargé de l'éducation, à domicile, des enfants de familles aisées.

Pierre ponce
Roche formée au moment du durcissement de la *lave*, si légère qu'elle peut flotter sur l'eau.

Aujourd'hui encore, on peut voir les moulages en plâtre des victimes de l'éruption.

Plâtre
Poudre blanche durcissant rapidement une fois mélangée à l'eau, et utilisée pour la réalisation de *moulages*.

Politicien
Personne qui exerce des responsabilités auprès d'un gouvernement ou d'un parti politique.

Stratigraphie
Science permettant de déterminer l'âge d'un objet en le comparant avec d'autres objets enfouis à la même profondeur.

Style
Sorte de crayon dont la pointe effilée sert à « écrire » sur des tablettes de cire en les gravant. Son autre extrémité, aplatie, sert à effacer les inscriptions en lissant la cire.

Tablinum
Sorte de bureau d'une maison romaine, voisin de l'*atrium*, où les visiteurs étaient accueillis.

Temple
Lieu consacré au culte des dieux.

Thermes
Espace public réservé aux bains et à la détente.

Thermopolium
Échoppe dans laquelle sont vendus des plat cuisinés à emporter, et des boissons chaudes ou froides.

Tricliniarcha
Esclave chargé du *triclinium*.

Triclinium
Salle à manger comportant trois divans faiblement inclinés, chacun accueillant idéalement trois convives autour d'une même table.

Vésuve
Volcan voisin de Pompéi qui entra en éruption en 79 et ensevelit la ville sous les cendres.

Victor-Emmanuel (1820-1878)
Premier roi de l'Italie moderne à qui l'on doit l'unification du pays.

Volcan
Trou dans la croûte terrestre par lequel s'échappe de la lave, des gaz chauds et des cendres. La lave qui se déverse du volcan, une fois solidifiée, forme souvent une montagne.

Vulcain
Dieu romain du feu.

Les fils des riches citoyens de Pompéi recevaient leur éducation à domicile.

Index

Un guide raconte le terrible drame de Pompéi.

Dans les années qui suivirent l'éruption de 79, les Romains tentèrent de récupérer sur place des objets précieux et des matériaux de construction.

Avant que l'éruption n'anéantisse Pompéi, la ville fut ébranlée par un tremblement de terre en 62.

Au 4e siècle av. J.-C., Pompéi est déjà un centre de commerce et d'agriculture important.

L'édition originale de ce livre est parue en 2007
sous le titre *Through Time Pompeii*
chez Kingfisher, une marque de Macmillan Children's Books,
division de Macmillan Publishers Ltd., Londres.

Édition : Simon Holland
Responsable artistique : Heidi Appleton
Conseiller : Dr Thorsten Opper, *Département des antiquités grecques et romaines du British Museum*

Édition française

Traduction : Gilles Mourier
Réalisation : Atelier Martine Fichter
Coordination : Véronique Roberty et Marine Pijollet

N° d'éditeur : 10147228
ISBN : 978-2-26-140209-0
Dépôt légal : septembre 2008
Imprimé à Taïwan